Nota a los padres

Aprender a leer es uno de los logros más ~~grandes de la~~
pequeña infancia. Los libros de *¡Hola, lectura!* están diseñados
para ayudar al niño a convertirse en un diestro lector y a
gozar de la lectura. Cuando aprende a leer, el niño lo hace
recordando las palabras más frecuentes como "la", "los", y
"es"; reconociendo el sonido de las sílabas para descifrar
nuevas palabras; e interpretando los dibujos y las pautas del
texto. Estos libros le ofrecen al mismo tiempo historias
entretenidas y la estructura que necesita para leer solo y de
corrido. He aquí algunas sugerencias para ayudar a su niño
antes, durante y después de leer.

Antes
• Mire los dibujos de la tapa y haga que su niño anticipe de
qué se trata la historia.
• Léale la historia.
• Aliéntelo para que participe con frases y palabras familiares.
• Lea la primera línea y haga que su niño la lea después de
usted.

Durante
• Haga que su niño piense sobre una palabra que no reconoce
inmediatamente. Ayúdelo con indicaciones como: "¿Reconoces
este sonido?", "¿Ya hemos leído otras palabras como ésta?"
• Aliente a su niño a reproducir los sonidos de las letras para
decir nuevas palabras.
• Cuando necesite ayuda, pronuncie usted la palabra para que
no tenga que luchar mucho y que la experiencia de la lectura
sea positiva.
• Aliéntelo a divertirse leyendo con mucha expresión... ¡como
un actor!

Después
• Pídale que haga una lista con sus palabras favoritas.
• Aliéntelo a que lea una y otra vez los libros. Pídale que se los
lea a sus hermanos, abuelos y hasta a sus animalitos de
peluche. La lectura repetida desarrolla la confianza en los
pequeños lectores.
• Hablen de las historias. Pregunte y conteste preguntas.
Compartan ideas sobre los personajes y las situaciones del
libro más divertidas e interesantes.

Espero que usted y su niño aprecien este libro.

—Francie Alexander
Especialista en lectura
Scholastic's Learning Ventures

A Irene O'Garden y Walt Whitman
—J. Marzollo.

A mi sobrina Emma, con cariño
—J. Moffatt.

Originally published in English as *I Am Water.*

No part of this publication may be reproduced in whole or in part, or stored in a retrieval system, or transmitted in any form or by any means, electronic, mechanical, photocopying, recording, or otherwise, without written permission of the publisher. For information regarding permission, write to Scholastic Inc., 555 Broadway, New York, NY 10012.

Traducido por María Rebeca Olagaray

ISBN 0-439-08743-0

Text copyright © 1996 by Jean Marzollo.
Illustrations copyright © 1996 by Judith Moffatt.
Translation copyright © 1999 by Scholastic, Inc
All rights reserved. Published by Scholastic Inc.
SCHOLASTIC, MARIPOSA, HELLO READER, CARTWHEEL
BOOKS, and associated logos are trademarks and/or registered
trademarks of Scholastic Inc.

12 11 10 9 8 7 6 5 4 3 2   1 2 3 4/0

Printed in the U.S.A.   23

First Scholastic Spanish printing, March 1999

Soy el agua

por Jean Marzollo
Ilustrado por Judith Moffatt

¡Hola, lector de Ciencias! — Nivel 1

SCHOLASTIC INC.
New York Toronto London Auckland Sydney
Mexico City New Delhi Hong Kong

Mírame.
Soy el agua.
Soy hogar para los peces.

Soy lluvia para la tierra.

Soy bebida para la gente.

Soy agua para el baño
de los bebés.

Yo soy todo eso
y mucho más.

Soy agua para cocinar.

Soy hielo para refrescar.

Soy nieve para deslizarse.

Soy piscina
para chapotear.

Yo soy todo eso
y mucho más.

Soy charco para las botas.

Soy río para los barcos.

Soy lago para nadar.

Soy ola para contemplar.

Yo soy eso
y mucho más.

Mírame.
Cuídame.
Yo soy el agua.